I LOVE MY MOM
AMO A MI MAMÁ

Shelley Admont

Illustrated by Sonal Goyal and Sumit Sakhuja

www.kidkiddos.com
Copyright©2014 by S.A.Publishing ©2017 by KidKiddos Books Ltd.
support@kidkiddos.com

All rights reserved. No part of this book may be reproduced in any form or by any electronic or mechanical means, including information storage and retrieval systems, without written permission from the publisher or author, except in the case of a reviewer, who may quote brief passages embodied in critical articles or in a review.

Todos los derechos reservados. Ninguna parte de este libro se puede utilizar o reproducir de cualquier forma sin el permiso escrito y firmado de la autora, excepto en el caso de citas breves incluidas en reseñas o artículos críticos.

Second edition, 2019

Translated from English by Laura Bastons Compta
Traducción al inglés de Laura Bastons Compta

Library and Archives Canada Cataloguing in Publication
I Love My Mom (Spanish Bilingual Edition)/ Shelley Admont
ISBN: 978-1-5259-1680-9 paperback
ISBN: 978-1-5259-0776-0 hardcover
ISBN: 978-1-926432-74-8 eBook

Please note that the Spanish and English versions of the story have been written to be as close as possible. However, in some cases they differ in order to accommodate nuances and fluidity of each language.

For those I love the most-S.A.
Para aquellos a los que más quiero - S.A.

Tomorrow was Mom's birthday. The little bunny Jimmy and his two older brothers were whispering in their room.

Mañana iba a ser el cumpleaños de mamá. El pequeño conejito Jimmy y sus dos hermanos mayores susurraban en su habitación.

"Let's think," said the middle brother. "The present for Mom should be very special."

—Pensemos — dijo el hermano mediano —. El regalo de mamá tiene que ser muy especial.

"Jimmy, you always have good ideas," added the oldest brother. "What do you think?"

—Jimmy, tú siempre tienes buenas ideas —añadió el hermano mayor —. ¿Qué opinas?

"Ahm..." Jimmy started thinking hard. Suddenly he exclaimed, "I can give her my favorite toy — my train!" He took the train out of the toy box and showed it to his brothers.

— *Mmm...* —*Jimmy empezó a pensar seriamente y, de repente, exclamó*— *¡Podría darle mi juguete preferido, mi tren!* — *Sacó el tren de la caja y se lo enseñó a sus hermanos.*

"I don't think Mom likes trains," said the oldest brother. "We need another idea. Something that she will really like."

— *No creo que a mamá le gusten los trenes* — *dijo el hermano mayor*—. *Necesitamos otra idea, algo que realmente le vaya a gustar.*

"We can give her a book," screamed the middle brother happily.

— Podríamos darle un libro —gritó el hermano mediano muy contento.

"A book? It's a perfect gift for Mom," replied the oldest brother.

—¿Un libro? Es el regalo perfecto para mamá —respondió el hermano mayor.

"Yes, we can give her my favorite book," said the middle brother as he approached the bookshelf.

—Sí, podríamos darle mi libro preferido —dijo el hermano mediano mientras se aproximaba a la estantería.

"But Mom likes mystery books," said Jimmy sadly, "and this book is for kids."

—Pero a mamá le gustan los libros de misterio —dijo Jimmy tristemente—, y este libro es para niños.

"I guess you're right," agreed his middle brother. "What should we do?"

—Creo que tienes razón —asintió el hermano mediano— ¿Qué debemos hacer?

The three bunny brothers were sitting and thinking quietly, until the oldest brother finally said,

Los tres hermanos conejitos estaban sentados pensado en silencio hasta que, por fin, el hermano mayor dijo:

"There is only one thing that I can think of. Something that we can do by ourselves, like a card."

—Sólo se me ocurre una cosa, algo que podríamos hacer nosotros mismos, algo como una tarjeta de cumpleaños.

"We can draw millions of millions of hearts and kisses," said the middle brother.

—Podemos dibujar millones de millones de corazones y besos —dijo el hermano mediano.

"And tell Mom how much we love her," added the oldest brother.

—*Y decirle a mamá cuánto la queremos* —*añadió el hermano mayor.*

They all became very excited and started to work.

Todos se emocionaron mucho y empezaron a trabajar.

Three bunnies worked very hard. They cut and glued, folded and painted.

Los tres conejitos trabajaron muy duro: cortaron y pegaron, plegaron y pintaron.

Jimmy and his middle brother drew hearts and kisses. When they finished, they added more hearts and even more kisses.

Jimmy y su hermano mediano dibujaron corazones y besos y, cuando acabaron, añadieron unos cuantos más.

Then the oldest brother wrote in large letters:

Entonces, el hermano mayor escribió con letras grandes:

"Happy birthday, Mommy! We love you soooooooo much. Your kids."

"¡MUCHAS FELICIDADES MAMÁ! TE QUEREMOS MUCHÍIIIISIMO. TUS HIJITOS."

Finally, the card was ready. Jimmy smiled.

Finalmente, la tarjeta estaba lista. Jimmy sonreía.

"I'm sure Mom will like it," he said, wiping his dirty hands on his pants.

—Estoy seguro que a mamá le va a gustar —dijo, limpiando sus manos sucias en sus pantalones.

"Jimmy," screamed the oldest brother. "Don't you see your hands are covered in paint and glue?"

—Jimmy,—gritó el hermano mayor— ¿No ves que tus manos están llenas de pintura y cola?

"Oh, oh..." said Jimmy. "I didn't notice. Sorry!"

—Oh, oh...— dijo Jimmy —. No me di cuenta . ¡Lo siento!

"Now Mom has to do laundry on her own birthday," added the oldest brother, looking at Jimmy strictly.

—Ahora mamá tendrá que hacer la colada el día de su cumpleaños —añadió el hermano mayor mirando a Jimmy muy serio.

"No way! I won't let this happen!" exclaimed Jimmy. "I'll wash my pants myself." He headed into the bathroom.

—¡De ningún modo! ¡No dejaré que eso pase! —exclamó Jimmy—. Voy a lavarme los pantalones yo mismo. -Y se dirigió hacia el baño.

Together they washed all the paint and glue from Jimmy's pants and hung them to dry.

Entre todos lavaron toda la pintura y la cola de los pantalones de Jimmy y los colgaron para que se secaran.

On the way back to their room, Jimmy gave a quick glance into living room and saw their Mom there.

De vuelta a su habitación, Jimmy echó un vistazo rápido en la sala de estar y vio a su mamá ahí.

"Look, Mom is sleeping on the couch," whispered Jimmy to his brothers.

—Mirad, mamá está durmiendo en el sofá —susurró Jimmy a sus hermanos.

"I'll bring my blanket," said the older brother who ran back to their room.

—Traeré mi manta —dijo el hermano mayor y corrió hacia su habitación.

Jimmy was standing and looking at his Mom sleeping. In that moment he realized what the perfect gift for their Mom should be and smiled.

Jimmy estaba de pie viendo dormir a su madre. En aquél momento, se dio cuenta de cuál sería el regalo perfecto para su mamá y sonrió.

"I have an idea!" said Jimmy when the oldest brother came back with the blanket.

—¡Tengo una idea! —dijo Jimmy cuando su hermano mayor volvió con la manta.

He whispered something to his brothers and all three bunnies nodded their heads, smiling widely.

Susurró algo a sus hermanos y los tres conejitos asintieron con una gran sonrisa.

Quietly they approached the couch and covered their Mom with the blanket.

Se acercaron al sofá sin hacer ruido y taparon a su mamá con la manta.

Each of them kissed her gently and whispered, "We love you, Mommy." Mom opened her eyes.

Cada uno de ellos la besó y le susurraron: "Te queremos mami". -Mamá abrió los ojos.

"Oh, I love you too," she said, smiling and hugging her sons.

—Oh, yo también os quiero —dijo, sonriendo y abrazando a sus hijos.

The next morning, the three bunny brothers woke up very early to prepare their surprise present for Mom.

A la mañana siguiente, los tres conejitos se levantaron muy temprano para preparar su regalo sorpresa para mamá.

They brushed their teeth, made their beds perfectly and checked that all the toys were in place.

Se lavaron los dientes, hicieron sus camas de forma perfecta y revisaron que todos los juguetes estuviesen en su lugar.

After that, they headed to the living room to clean the dust and wash the floor.

Después de eso, se dirigieron a la sala de estar para limpiar el polvo y lavar el piso.

Next, they came into the kitchen.

Después, se dirigieron a la cocina.

"I'll prepare Mom's favorite toasts with strawberry jam," said the oldest brother, "and you, Jimmy, can make her fresh orange juice."

—Prepararé el desayuno preferido de mamá con tostadas con mermelada de fresa —dijo el hermano mayor—, y tú, Jimmy, puedes hacerle un zumo de naranja.

"I'll bring some flowers from the garden," said the middle brother who went out the door.

—Yo traeré algunas flores del jardín —dijo el hermano mediano mientras salía por la puerta.

When breakfast was ready, the bunnies washed all the dishes and decorated the kitchen with flowers and balloons.

Cuando el desayuno ya estaba preparado, los tres hermanos conejitos lavaron los platos y decoraron la cocina con flores y globos.

The happy bunny brothers entered Mom and Dad's room holding the birthday card, the flowers and the fresh breakfast.

Los tres hermanos conejitos entraron muy contentos en la habitación de sus padres con la tarjeta de cumpleaños, las flores y el desayuno recién hecho.

Mom was sitting on the bed. She smiled as she heard her sons singing "Happy Birthday," while they entered the room.

Mamá estaba sentada en la cama. Sonrió mientras escuchaba a sus hijos cantar "Cumpleaños Feliz" mientras entraban en la habitación.

"We love you, Mom," they screamed all together.

—¡Te queremos mamá! —gritaron todos juntos.

"It's my best birthday ever!" said Mom, kissing all her sons.

—¡Es el mejor cumpleaños de mi vida! —dijo la mamá besando a todos sus hijos.

"You haven't seen everything yet," said Jimmy with a wink to his brothers. "You should check the kitchen and the living room!"

—Aún no lo has visto todo —dijo Jimmy haciendo un guiño a sus hermanos— ¡Deberías echar un vistazo en la cocina y en el comedor!

www.ingramcontent.com/pod-product-compliance
Lightning Source LLC
Chambersburg PA
CBHW061142070526
44584CB00033B/4395